Guest Book

Love Life

Guest List

_____ _____

_____ _____

_____ _____

_____ _____

_____ _____

_____ _____

_____ _____

_____ _____

_____ _____

_____ _____

Guest List

_____   _____

_____   _____

_____   _____

_____   _____

_____   _____

_____   _____

_____   _____

_____   _____

_____   _____

_____   _____

Guest Name

_____

_____

Message to Treasure

_____

_____

_____

_____

Guest Name

_____

_____

Message to Treasure

_____

_____

_____

_____

Guest Name

_____

_____

Message to Treasure

_____

_____

_____

_____

Guest Name

_____

_____

Message to Treasure

_____

_____

_____

_____

Guest Name

_____

_____

Message to Treasure

_____

_____

_____

_____

Guest Name

_____

_____

Message to Treasure

_____

_____

_____

_____

Guest Name

_____

_____

Message to Treasure

_____

_____

_____

_____

Guest Name

_____

_____

Message to Treasure

_____

_____

_____

_____

Guest Name

_____

_____

Message to Treasure

_____

_____

_____

_____

Guest Name

_____

_____

Message to Treasure

_____

_____

_____

_____

Guest Name

_____

_____

Message to Treasure

_____

_____

_____

_____

_____

Guest Name

_____

_____

Message to Treasure

_____

_____

_____

_____

_____

Guest Name

Message to Treasure

Guest Name

Message to Treasure

Guest Name

_____

_____

Message to Treasure

_____

_____

_____

_____

Guest Name

_____

_____

Message to Treasure

_____

_____

_____

_____

Guest Name

_____

_____

Message to Treasure

_____

_____

_____

_____

Guest Name

_____

_____

Message to Treasure

_____

_____

_____

_____

Guest Name

Message to Treasure

Guest Name

Message to Treasure

Guest Name

_____

_____

Message to Treasure

_____

_____

_____

_____

Guest Name

_____

_____

Message to Treasure

_____

_____

_____

_____

Guest Name

_____

_____

Message to Treasure

_____

_____

_____

_____

Guest Name

_____

_____

Message to Treasure

_____

_____

_____

_____

Guest Name

_____

_____

Message to Treasure

_____

_____

_____

_____

Guest Name

_____

_____

Message to Treasure

_____

_____

_____

_____

Guest Name

_____

_____

Message to Treasure

_____

_____

_____

_____

Guest Name

_____

_____

Message to Treasure

_____

_____

_____

_____

Guest Name

_____

_____

Message to Treasure

_____

_____

_____

_____

Guest Name

_____

_____

Message to Treasure

_____

_____

_____

_____

Guest Name

_____

_____

Message to Treasure

_____

_____

_____

_____

Guest Name

_____

_____

Message to Treasure

_____

_____

_____

_____

Guest Name

_____

_____

Message to Treasure

_____

_____

_____

Guest Name

_____

_____

Message to Treasure

_____

_____

_____

Guest Name

_____

_____

Message to Treasure

_____

_____

_____

_____

Guest Name

_____

_____

Message to Treasure

_____

_____

_____

_____

Guest Name

_____

_____

Message to Treasure

_____

_____

_____

_____

Guest Name

_____

_____

Message to Treasure

_____

_____

_____

_____

Guest Name

_____

_____

Message to Treasure

_____

_____

_____

_____

Guest Name

_____

_____

Message to Treasure

_____

_____

_____

_____

Guest Name

_____

_____

Message to Treasure

_____

_____

_____

_____

Guest Name

_____

_____

Message to Treasure

_____

_____

_____

_____

Guest Name

_____

_____

Message to Treasure

_____

_____

_____

_____

Guest Name

_____

_____

Message to Treasure

_____

_____

_____

_____

Guest Name

_____

_____

Message to Treasure

_____

_____

_____

_____

Guest Name

_____

_____

Message to Treasure

_____

_____

_____

_____

Guest Name

_____

_____

Message to Treasure

_____

_____

_____

_____

Guest Name

_____

_____

Message to Treasure

_____

_____

_____

_____

Guest Name

_____

_____

Message to Treasure

_____

_____

_____

Guest Name

_____

_____

Message to Treasure

_____

_____

_____

_____

Guest Name

_____

_____

Message to Treasure

_____

_____

_____

_____

Guest Name

_____

_____

Message to Treasure

_____

_____

_____

_____

Guest Name

_____

_____

Message to Treasure

_____

_____

_____

_____

Guest Name

_____

_____

Message to Treasure

_____

_____

_____

_____

Guest Name

_____

_____

Message to Treasure

_____

_____

_____

_____

Guest Name

_____

_____

Message to Treasure

_____

_____

_____

_____

Guest Name

_____

_____

Message to Treasure

_____

_____

_____

_____

Guest Name

_____

_____

Message to Treasure

_____

_____

_____

_____

Guest Name

_____

_____

Message to Treasure

_____

_____

_____

_____

Guest Name

_____

_____

Message to Treasure

_____

_____

_____

_____

Guest Name

_____

_____

Message to Treasure

_____

_____

_____

_____

Guest Name

_____

_____

Message to Treasure

_____

_____

_____

_____

Guest Name

_____

_____

Message to Treasure

_____

_____

_____

_____

Guest Name

_____

_____

Message to Treasure

_____

_____

_____

_____

Guest Name

_____

_____

Message to Treasure

_____

_____

_____

_____

Guest Name

_____

_____

Message to Treasure

_____

_____

_____

_____

Guest Name

_____

_____

Message to Treasure

_____

_____

_____

_____

Guest Name

_____

_____

Message to Treasure

_____

_____

_____

_____

Guest Name

_____

_____

Message to Treasure

_____

_____

_____

_____

Guest Name

_____

_____

Message to Treasure

_____

_____

_____

_____

Guest Name

_____

_____

Message to Treasure

_____

_____

_____

_____

Guest Name

_____

_____

Message to Treasure

_____

_____

_____

_____

Guest Name

_____

_____

Message to Treasure

_____

_____

_____

_____

Guest Name

_____

_____

Message to Treasure

_____

_____

_____

_____

Guest Name

_____

_____

Message to Treasure

_____

_____

_____

_____

Guest Name

_____

_____

Message to Treasure

_____

_____

_____

_____

Guest Name

_____

_____

Message to Treasure

_____

_____

_____

_____

Guest Name

_____

_____

Message to Treasure

_____

_____

_____

_____

Guest Name

_____

_____

Message to Treasure

_____

_____

_____

_____

Guest Name

_____

_____

Message to Treasure

_____

_____

_____

_____

Guest Name

_____

_____

Message to Treasure

_____

_____

_____

_____

Guest Name

_____

_____

Message to Treasure

_____

_____

_____

_____

Guest Name

_____

_____

Message to Treasure

_____

_____

_____

_____

Guest Name

_____

_____

Message to Treasure

_____

_____

_____

_____

Guest Name

_____

_____

Message to Treasure

_____

_____

_____

_____

Guest Name

_____

_____

Message to Treasure

_____

_____

_____

_____

Guest Name

_____

_____

Message to Treasure

_____

_____

_____

_____

Guest Name

_____

_____

Message to Treasure

_____

_____

_____

_____

Guest Name

_____

_____

Message to Treasure

_____

_____

_____

_____

Guest Name

_____

_____

Message to Treasure

_____

_____

_____

_____

Guest Name

_____

_____

Message to Treasure

_____

_____

_____

_____

Guest Name

_____

_____

Message to Treasure

_____

_____

_____

_____

Guest Name

_____

_____

Message to Treasure

_____

_____

_____

_____

Guest Name

_____

_____

Message to Treasure

_____

_____

_____

_____

Guest Name

_____

_____

Message to Treasure

_____

_____

_____

_____

_____

Guest Name

_____

_____

Message to Treasure

_____

_____

_____

_____

_____

Guest Name

Message to Treasure

Guest Name

Message to Treasure

Guest Name

_____

_____

Message to Treasure

_____

_____

_____

_____

Guest Name

_____

_____

Message to Treasure

_____

_____

_____

_____

Guest Name

_____

_____

Message to Treasure

_____

_____

_____

_____

Guest Name

_____

_____

Message to Treasure

_____

_____

_____

_____

Guest Name

_____

_____

Message to Treasure

_____

_____

_____

_____

Guest Name

_____

_____

Message to Treasure

_____

_____

_____

_____

Guest Name

_____

_____

Message to Treasure

_____

_____

_____

_____

Guest Name

_____

_____

Message to Treasure

_____

_____

_____

_____

Guest Name

_____

_____

Message to Treasure

_____

_____

_____

_____

Guest Name

_____

_____

Message to Treasure

_____

_____

_____

_____

Guest Name

_____

_____

Message to Treasure

_____

_____

_____

_____

Guest Name

_____

_____

Message to Treasure

_____

_____

_____

_____

Guest Name

_____

_____

Message to Treasure

_____

_____

_____

_____

Guest Name

_____

_____

Message to Treasure

_____

_____

_____

_____

Guest Name

_____

_____

Message to Treasure

_____

_____

_____

_____

Guest Name

_____

_____

Message to Treasure

_____

_____

_____

_____

Guest Name

_____

_____

Message to Treasure

_____

_____

_____

_____

Guest Name

_____

_____

Message to Treasure

_____

_____

_____

_____

Guest Name

_____

_____

Message to Treasure

_____

_____

_____

_____

Guest Name

_____

_____

Message to Treasure

_____

_____

_____

_____

Guest Name

_____

_____

Message to Treasure

_____

_____

_____

_____

Guest Name

_____

_____

Message to Treasure

_____

_____

_____

_____

Guest Name

_____

_____

Message to Treasure

_____

_____

_____

_____

Guest Name

_____

_____

Message to Treasure

_____

_____

_____

_____

Guest Name

_____

_____

Message to Treasure

_____

_____

_____

_____

Guest Name

_____

_____

Message to Treasure

_____

_____

_____

_____

Guest Name

_____

_____

Message to Treasure

_____

_____

_____

_____

Guest Name

_____

_____

Message to Treasure

_____

_____

_____

_____

Guest Name

_____

_____

Message to Treasure

_____

_____

_____

_____

Guest Name

_____

_____

Message to Treasure

_____

_____

_____

_____

Guest Name

_____

_____

Message to Treasure

_____

_____

_____

_____

Guest Name

_____

_____

Message to Treasure

_____

_____

_____

_____

Guest Name

_____

_____

Message to Treasure

_____

_____

_____

_____

Guest Name

_____

_____

Message to Treasure

_____

_____

_____

_____

_____

Guest Name

_____

_____

Message to Treasure

_____

_____

_____

_____

Guest Name

_____

_____

Message to Treasure

_____

_____

_____

_____

Guest Name

_____

_____

Message to Treasure

_____

_____

_____

_____

_____

Guest Name

_____

_____

Message to Treasure

_____

_____

_____

_____

Guest Name

_____

_____

Message to Treasure

_____

_____

_____

_____

Guest Name

_____

_____

Message to Treasure

_____

_____

_____

_____

Guest Name

_____

_____

Message to Treasure

_____

_____

_____

_____

Guest Name

_____

_____

Message to Treasure

_____

_____

_____

_____

Guest Name

_____

_____

Message to Treasure

_____

_____

_____

_____

_____

Guest Name

_____

_____

Message to Treasure

_____

_____

_____

_____

Guest Name

_____

_____

Message to Treasure

_____

_____

_____

_____

Guest Name

_____

_____

Message to Treasure

_____

_____

_____

_____

Guest Name

_____

Message to Treasure

_____

_____

_____

_____

Guest Name

_____

_____

Message to Treasure

_____

_____

_____

_____

Guest Name

Message to Treasure

Guest Name

Message to Treasure

Guest Name

_____

_____

Message to Treasure

_____

_____

_____

_____

Guest Name

_____

_____

Message to Treasure

_____

_____

_____

_____

Guest Name

_____

_____

Message to Treasure

_____

_____

_____

_____

Guest Name

_____

_____

Message to Treasure

_____

_____

_____

_____

Guest Name

_____

_____

Message to Treasure

_____

_____

_____

_____

Guest Name

_____

_____

Message to Treasure

_____

_____

_____

_____

Guest Name

_____

_____

Message to Treasure

_____

_____

_____

_____

Guest Name

_____

_____

Message to Treasure

_____

_____

_____

_____

Guest Name

_____

_____

Message to Treasure

_____

_____

_____

_____

Guest Name

_____

_____

Message to Treasure

_____

_____

_____

_____

Guest Name

_____

_____

Message to Treasure

_____

_____

_____

_____

Guest Name

_____

_____

Message to Treasure

_____

_____

_____

_____

Guest Name

_____

_____

Message to Treasure

_____

_____

_____

_____

Guest Name

_____

_____

Message to Treasure

_____

_____

_____

_____

Guest Name

_____

_____

Message to Treasure

_____

_____

_____

_____

_____

Guest Name

_____

_____

Message to Treasure

_____

_____

_____

_____

_____

Guest Name

_____

_____

Message to Treasure

_____

_____

_____

_____

Guest Name

_____

_____

Message to Treasure

_____

_____

_____

_____

Guest Name

_____

_____

Message to Treasure

_____

_____

_____

_____

Guest Name

_____

_____

Message to Treasure

_____

_____

_____

_____

Guest Name

_____

_____

Message to Treasure

_____

_____

_____

_____

Guest Name

_____

_____

Message to Treasure

_____

_____

_____

_____

Guest Name

_____

_____

Message to Treasure

_____

_____

_____

_____

Guest Name

_____

_____

Message to Treasure

_____

_____

_____

_____

Guest Name

_____

_____

Message to Treasure

_____

_____

_____

_____

Guest Name

_____

_____

Message to Treasure

_____

_____

_____

_____

Guest Name

_____

_____

Message to Treasure

_____

_____

_____

_____

Guest Name

_____

_____

Message to Treasure

_____

_____

_____

_____

Guest Name

_____

_____

Message to Treasure

_____

_____

_____

_____

Guest Name

_____

_____

Message to Treasure

_____

_____

_____

_____

Guest Name

_____

_____

Message to Treasure

_____

_____

_____

_____

Guest Name

_____

_____

Message to Treasure

_____

_____

_____

_____

Guest Name

_____

_____

Message to Treasure

_____

_____

_____

_____

Guest Name

_____

_____

Message to Treasure

_____

_____

_____

_____

Guest Name

_____

_____

Message to Treasure

_____

_____

_____

_____

Guest Name

_____

_____

Message to Treasure

_____

_____

_____

_____

Guest Name

_____

_____

Message to Treasure

_____

_____

_____

_____

Guest Name

_____

_____

Message to Treasure

_____

_____

_____

_____

Guest Name

_____

_____

Message to Treasure

_____

_____

_____

_____

Guest Name

_____

_____

Message to Treasure

_____

_____

_____

_____

Guest Name

_____

_____

Message to Treasure

_____

_____

_____

_____

Guest Name

_____

_____

Message to Treasure

_____

_____

_____

_____

Guest Name

_____

_____

Message to Treasure

_____

_____

_____

_____

_____

Guest Name

_____

_____

Message to Treasure

_____

_____

_____

_____

_____

Guest Name

_____

_____

Message to Treasure

_____

_____

_____

_____

Guest Name

_____

_____

Message to Treasure

_____

_____

_____

_____

Guest Name

_____

_____

Message to Treasure

_____

_____

_____

_____

Guest Name

_____

_____

Message to Treasure

_____

_____

_____

_____

Guest Name

_____

_____

Message to Treasure

_____

_____

_____

_____

Guest Name

_____

_____

Message to Treasure

_____

_____

_____

_____

Guest Name

_____

_____

Message to Treasure

_____

_____

_____

_____

_____

Guest Name

_____

_____

Message to Treasure

_____

_____

_____

_____

Picture Memories

Picture Memories

Picture Memories

Picture Memories

Picture Memories

Bonus Gift Package

DOWNLOADABLE PRINTABLE
A4 GIFT TRACKER
A4 PARTY INVITATION
A4 THANK YOUS

http://bit.ly/assorted-freebies